JN308910

理工系大学生のための 日本語再入門

馬場眞知子・田中佳子 編著

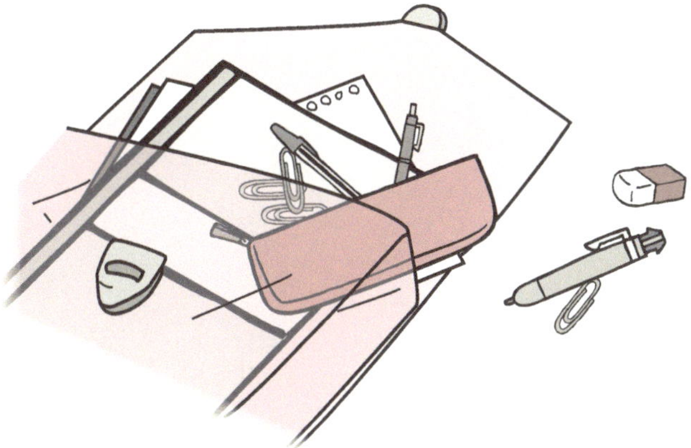

化学同人

はじめに

この本は日本語のためのテキストです。でも、ちょっと変わっているような……

本書の対象

Q　このテキストの対象者は？

A　タイトルにもあるとおり、理工系学部の学生を想定しています。

Q　では、理工系の学生以外はまったくの対象外？

A　いいえ！「日本語をうまく使って、自分の考えたことを表現したい。でも、どうしたらよいのかわからない」と思う人、皆さんが対象者です。ですので理工学部の学生に限らず、日本語を道具として使う人、皆さんにぜひ使ってみてほしいと思っています。

本書の特長

Q　『理工系大学生のための日本語再入門』というタイトルから、理工系大学生に必要な語彙の書きとりとか読み方とか意味とか、理工系の文章の読解とか、そういう理工系国語の問題集みたいなのをイメージするんですが。

A　残念ながら、理工系国語の問題集ではありません。タイトルとは離れて、本書は、ひと言でいうと「見たことない、なんだか変わったテキスト」です。この「変わっている」点が、本書の大きな特長です。

Q 「変わっている」ってどういうことですか。

A 本当ですね、「変わっている」ってどういうことでしょう。「変わっている」っていうのは、本書に挑戦してくれる方、それぞれ感じ方も異なると思います。でも、おそらく問題を見て、多くの人はまず、「え？　何これ？　意味わかんない。どうすればいいの？」と思うはずです。あるいは問題を見て、クスッと笑ってしまう人もいるかもしれません。そうした点が「変わっている」ところかなと思います。いわゆる国語の問題集みたいなものだったら、「変わっている」とも思わないかと。

Q 「変わっている」ので、日本語の力はつくんですか。

A そもそも「日本語の力」って何でしょうね。「本書の対象」でも触れましたが、理工系大学生含め、皆さんに本書を通して、日本語を道具としてうまく使う訓練をしてほしいと思っています。日本語はあくまでも自分の考えたことをできるだけ正確に相手に伝え、表現するための道具なのです。道具をうまく使いこなすための力は日本語をとにかく、これまでとは違ったいろんなやり方で自分なりに考えて使ってみないと身につかないと考えます。

本書の「なんだか変わっている問題」を通して、変わっているということを自然に受け入れられれば、日本語を使う面白さに、はまってしまうはずです。それが日本語を道具として使う力につながるのではないかと思っています。

本書の使い方

Q 「何これ？　意味わかんない。どうすればいいの？」という問題になっているそうですが、どのように取り組めばいいのでしょうか。

A いたって簡単です。各章には「問題」があります。それにどのように取り組めばよいか、簡単な「回答指示文」があります。その「指示文」を読んで、自分の回答を空白のスペースに書き込んでください。

Q それだけですか。

A はい。

Q 何か、もっとくわしい説明がないと、回答するのは大変ではないでしょうか。

A あ、言い忘れていました。簡単な「回答指示文」はあるのですが、「たった一つの正しい答え」は本書にはありません。ですので簡単な「指示文」を読んで、辞書でも、インターネットでも、人に聞いても、何でもいいですから、自分でどうすればいいかをよく考えて回答してください。

Q 説明もない、答えもないとなると、なんだか不安なんですが。

A その気持ちは、よくわかります！　でも不安に思うのは、やってみていないからだけです。まずやってみてください。そして、何か感じたり気づいたりしたことがあったら、忘れないように書きとめておいてください。ここに収めた問題は、理工系大学生が実際に取り組んでいるものです。その際もちろん、皆はくわしい説明も答えも与えられずに、ほうっておかれたかのような状態で問題と向き合っています。皆、最初は「意味わかんない」といいつつ、不安を抱えながら仕方なしにとにかく取り組みます。すると不思議なことに皆、次第に日本語を道具として使う工夫に魅力を感じはじめていくのです。

　本書を通じ、日本語を使うことで、最後にはきっと最初に感じたその不安が懐かしくなることでしょう。

2010 年 10 月

編著者記す

目　次

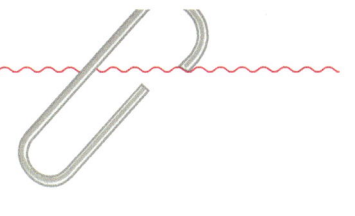

理工系大学生のための

日本語再入門

第1章

ぐるっちゃおーよ！

次の単語をグループに分けなさい。

パフェ
キャベツ
キセル
マヨネーズ
カボチャ
タコス
イクラ
バジリコ
カルテ
カステラ
パン
コロッケ
カプチーノ
カルタ
ステーキ
バニラ
コップ
カカオ
ノルマ
バッテラ

上のように分けた理由を書きましょう。

第2章

ペルソナって…何ゾナ？

次の A～H または A～J の語の意味を後に示すものから選び、空欄に書き写しなさい。

問い❶

A　フィードバック

B　カテゴリー

C　モチーフ

D　ロジック

E　エコロジー

F　デッドロック

G　コンセンサス

H　フィールドワーク

- 分類。範疇
- 合意。賛同
- (会議などが) ゆきづまること
- 結果を見て、不適切な点があれば原因に戻って調整すること
- 動機。主題
- 生態学。生態環境
- 考え方の正しい筋道。論理
- 実地研究。野外調査

以下の文には、上のA～Hのどの語を用いるのが適当でしょう。

- この作品の ________ について考えながら、作者の思いに迫ってみよう。
- まず、同じ ________ に属するものを集めてみましょう。
- その政策については、なにより国民の ________ を得ることが必要だ。

問い❷

A　ドグマ

B　モチベーション

C　ニュアンス

D　レトリック

E　カオス

F　アナロジー

G　コンテキスト

H　パラダイム

I　パラドックス

J　プリミティブ

- 宗教上の教義。独断的な説
- 微妙な違い。意味合い
- 文章表現の技法。表現上だけの言葉
- 動機づけ
- 逆説
- 秩序の認められない世界。混沌
- 文脈。文章の前後関係
- 原始的なさま。素朴なさま
- 基本方針。規範。枠組み
- 類推。類似

以下の文には、上のA～Jのどの語を用いるのが適当でしょう。

- 両者の ____________ から新しい理論を組み立てる。
- 「急がば回れ」というのは、ひとつの ____________ だ。
- 話の ____________ からすると、彼の本音は別のところにありそうだ。

第3章

本が本じゃなくて電車が本？

問題1 **次のA～Fの文中で下線を施した語が、何の数を表しているかを後に示すものから選び、空欄に記入しなさい。**

A 「とも子、おみそ汁の具に1丁買ってきて。」

● わかめ　● 豆腐　● 大根

B 「きょうのお昼は、ツルツルっと……3人で2玉でいいかしら。」

● うどん　● そうめん　● そば

C （おそば屋さんにて）「3枚、お願いします。」

● かけそば　● もりそば　● 天ぷらそば

D 「2把ゆでておいたから、なかよくお昼に食べなさい。お母さんより。」

● ひやむぎ　● うどん　● そうめん

E　「あと3脚、急いで持ってきて！」

● ベンチ　● 机　● いす

F　「この1頭だけ、元気ないんだよね……。」

● カブトムシ　● ウサギ　● 金魚

次のA～Cはどのように数えるか。

A　電車

B　箸

C　ごはん

いくつか異なった数え方をする例を、ほかにもあげてみましょう。

第4章

Colorless green ideas — 色のない緑??

次に示す語を、いろいろと組み合わせなさい。

出来上がった表現は辞書に載っていますか。載っていないものは、それが具体的にどのようなイメージを表現しようとしたものなのか説明しましょう。

第5章

身から出たワサビ

次の言葉について関連するものどうしを結びつけ、また必要な場合は言葉を補って慣用句や四字熟語などを完成させなさい。

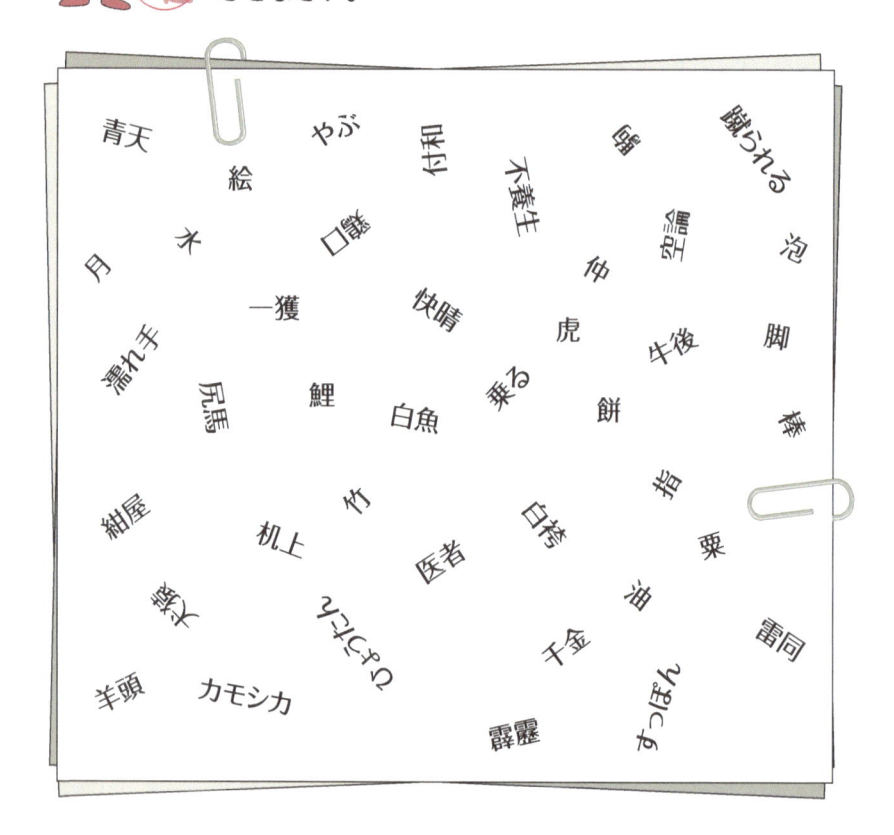

青天 絵 やぶ 付和 不養生 鵜 蹴られる

月 水 鶏口 空論 中 泡

一獲 快晴 虎 牛後 脚

濡れ手 尻馬 鯉 白魚 乗る 餅 棒

指

紺屋 竹 机上 医者 白袴 栗

大樹 ひょうたん 油 雷同 千金

羊頭 カモシカ 霹靂 すっぽん

それぞれの意味も調べましょう。

読み方のわからない漢字はどのように調べますか。

第6章

よむのは空気か本か？

例にならい、以下で左右に並ぶ二つの言葉に共通する言葉を考え、後に示すものから選んで中央の空欄に書きなさい。

問い❶

例	もち	つく	うそ
A	花		仲
B	手		日本語
C	肩		趣味
D	日数		ビル
E	ジュース		意見
F	音楽		薬
G	博打		そば

- こる
- さく
- たつ
- うつ
- のむ
- はなす
- きく

問い❷

例	もち	つく	うそ
A	腹		茶
B	電話		馬
C	土		家
D	目		湯
E	水		笑み
F	服		髪
G	矢		豆

● かける　● たてる　● こぼれる　● きる　● わる
● いる　● さめる　● うかべる　● かえる

問題2

例にならい、以下で左右に並ぶ二つの言葉に共通する言葉を考え、中央の空欄をひらがなで埋めなさい。

例	もち	つく	うそ
A	霜		階段
B	卵		故郷

第7章

モチをついたら尻もちついた

問題1

例にならい、以下で左右に並ぶ二つの言葉に共通する言葉を考え、中央の空欄をひらがなで埋めなさい。

例	もち	つく	うそ
A	足		予定
B	魚		悪人
C	記憶		首
D	プレゼント		橋
E	約束		パンチ
F	時		腹
G	悪霊		ヤリ
H	電気		職
I	果物		商品

上の問題１の類題をつくりなさい。ただし、ここでは左右に並ぶ二つの言葉も考えなさい。

A

B

C

D

E

F

G

H

I

J

K

L

第8章

世界一より地球一？

次のA～Uの各文について、文脈に最もよく合う語を選んで空欄に書きなさい。

A　これは部屋に（● 調整　● 合致　● 調和）した家具だ。

B　欠陥を（● 指摘　● 注意　● 指示）する。

C　後継者を（● 練習　● 養成　● 開発）する。

D　学問（● 一筋　● 一徹　● 一貫）に生きる。

E　いつもながら、彼は（● 身支度　● 準備　● 用意）に余念がない。

F　近ごろ、（● あっさり　● すっきり　● さっぱり）顔をみせない。

G　そのとき、ちょうど（●具合　●調子　●状態）よくタクシーが来た。

H　聴衆は（●ぱらぱら　●ひらひら　●ばらばら）で、空席が目立った。

I　余震が（●きっぱり　●ぷっつり　●ぴったり）とやむ。

J　劇団を（●離散　●解散　●消滅）する。

K　恐竜が（●消滅　●絶滅　●全滅）する。

L　急遽、私が代わって（●指揮　●指図　●采配）を振ることになった。

M　再び（●苦境　●窮地　●苦難）に追い込まれた。

N　計画を遂行することは（●至難　●災難　●苦難）なことだ。

O　通行を（●妨害　●障害　●阻害）する。

P 福祉の（● 恩赦 ● 恩義 ● 恩恵）に浴する。

Q それは（● 意義 ● 意図 ● 意味）のある仕事だ。

R 子どもを（● 教養 ● 教育 ● 修養）する。

S そんなに（● 頑固 ● 石頭 ● 強情）を張るなよ。

T 奇抜なことを（● 発想 ● 発案 ● 発明）する。

U 専門家の（● 目線 ● 視点 ● 視線）で問題を考える。

上で選ばなかった語を用いて、短い文をつくりましょう。

第9章

たんたんタンゴから、どんな文ができる♪

次のA～Hの漢字の読みを示し、その言葉を使った文を辞書から書き写しなさい。また自分でも文をつくりなさい。

読み

A　外圧

読み

B　相殺

読み

C　流布

読み

D　歪み

読み

E　代替

読み

F　修飾

読み

G　依存

読み

H　杜撰

問題2 次のA~Kの語を使って短い文をつくりなさい。

A　配慮

B　実態

C　定義

D　きわめて

E　実証

F　影響

G　要因

H　列挙

I　帯びる

J　パフォーマンス

K　分析

これから自分も使っていきたいと思った言葉はどれですか。

第10章

ナンデスカ？

次のA～Fの単語を説明する文章を書きなさい。ただし単語の羅列にならないようにし、またあわせて示した「禁止語」は使わないようにしなさい。

例

● 時計

禁止語　　時刻　時間　腕　デジタル

　コレは、毎日動いています。だれの家にでもあります。まったくコレを見ない人もいますが、友だちや恋人と約束があるときは何度でも見ます。
　音楽がなることや鳥が出てくることもあります。部屋の壁に掛かっていたり、棚や机に置いてあったりします。

● 電子メール

禁止語　　パソコン　ケータイ　アドレス　絵文字

　コレは、人とのコミュニケーションに使います。よく電車の中やホームで利用している人を見かけます。
　コレを利用すると、ニューヨークでもロンドンでも同じ安上がりの料金で、すぐに連絡ができます。また写真や地図を添付して、場所なども簡単に伝えられます。たくさんの人へ一斉に連絡ができる点も便利です。

問い

A　コーヒーカップ

禁止語　紅茶　飲む　お茶

B　チラシ

禁止語　広告　新聞　スーパー

C　ソフトウェア

禁止語　プログラム　コンピュータ　実行　ディスク　言語

D　刺し身

禁止語　すし　魚　新鮮　生　切り身

E　音楽

禁止語　プレーヤー　聴く　弾く　ピアノ　コンサート

F　ホウレン草

禁止語　ポパイ　緑　食べる　野菜　葉

問題2

下に示した単語と「禁止語」の組から一つを選び、上の問題1と同じ要領で単語を説明する文章を書きなさい。次にそれを友だちに読んでもらい、その説明文から、元

病気
〔禁止語〕風邪　熱　病院

カメラ
〔禁止語〕撮影　写真　フィルム　スナップ　デジタル

シマウマ
〔禁止語〕ウマ　黒　白　縞　アフリカ

英語
〔禁止語〕外国語　中学校　アメリカ　イギリス　ペラペラ

ビール
〔禁止語〕アルコール　麦　泡　ジョッキ　飲み物

チョコレート
〔禁止語〕甘い　カカオ　菓子　砂糖

サンドバック
〔禁止語〕ボクシング　殴る　トレーニング　蹴る

の単語が何かを当ててもらいなさい。うまく当てられなかった場合は、どのような説明が望ましかったか、よく話し合いなさい。

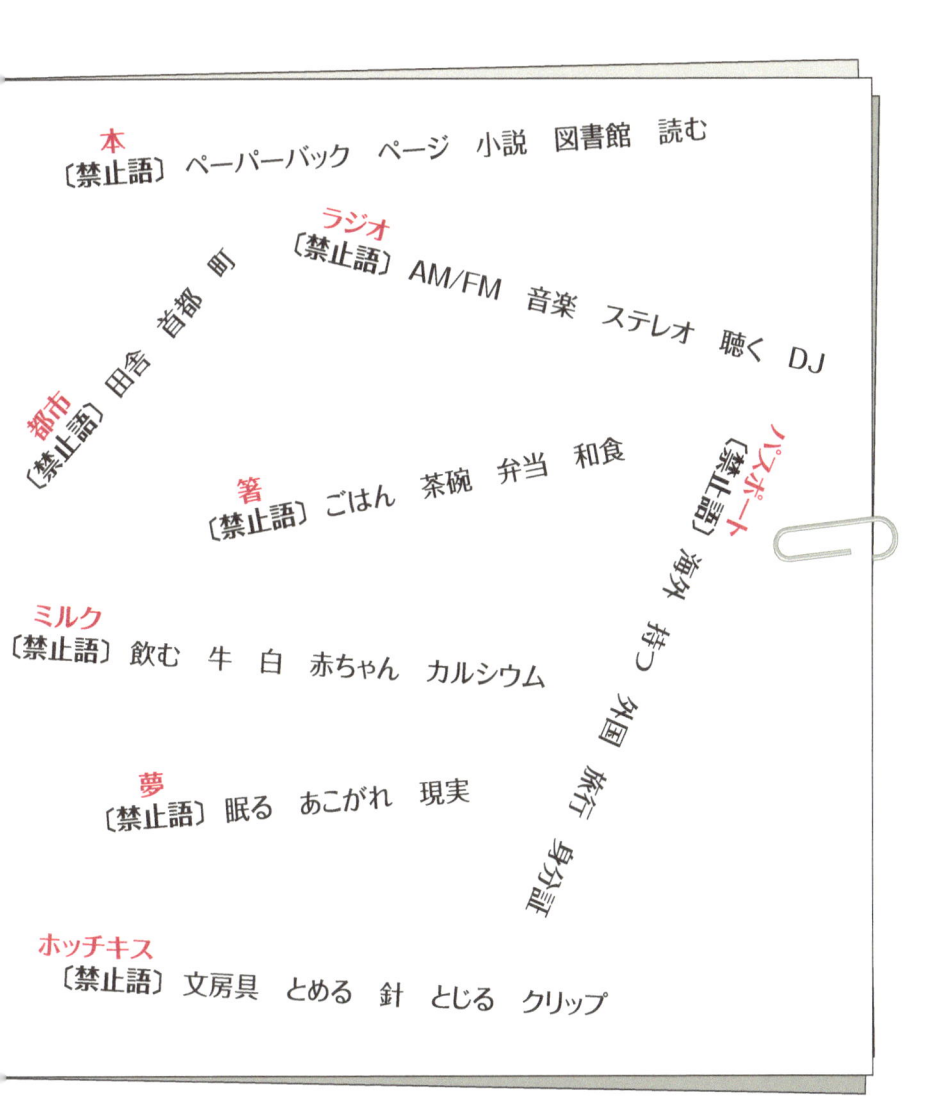

本
〔禁止語〕ペーパーバック　ページ　小説　図書館　読む

ラジオ
〔禁止語〕AM/FM　音楽　ステレオ　聴く　DJ

都市
〔禁止語〕田舎　首都　町

箸
〔禁止語〕ごはん　茶碗　弁当　和食

パスポート
〔禁止語〕海外　持つ　外国　旅行　身分証

ミルク
〔禁止語〕飲む　牛　白　赤ちゃん　カルシウム

夢
〔禁止語〕眠る　あこがれ　現実

ホッチキス
〔禁止語〕文房具　とめる　針　とじる　クリップ

単語は当たりましたか。友だちと話し合って説明の良かった点、
悪かった点をまとめましょう。

単語は当たりましたか。友だちと話し合って説明の良かった点、悪かった点をまとめましょう。

第11章

ワープロじいさん

ローマ字で書かれた次の文（ケータイや PC での入力をイメージしなさい）を、意味が通る二通りの漢字かな混じり文に直しなさい。

ア　yakuzaishigakorosareta.

イ　kininattafusiginakudamonowomoratta.

ウ iroironaoshokujikenngaaru.

エ doukunnnokannjihamonndaida.

オ okashikutteharagaitai.

カ　bokutouminiikou.

キ　gifutokennwookurimasu.

ク　keizaihakyuukoukada.

ケ taishoudenaikaiwositteiru.

コ kiminoshitagakiyoudatta.

自分で問題をつくってみましょう。

第12章

カナタカ語

次のA～Mについて正しいものを選び、空欄に書きなさい。

A ●ベッド ●ベット

B ●ビックバン ●ビッグバン

C ●マイケル・ジャクソン ●ジャイケル・マクソン

D ●ホットドック ●ホットドッグ

E ●ルービックキューブ ●キュービックルーブ

F ●ミラネルウォーター ●ミネラルウォーター

G　● グッドアイデア　● グットアイデア

H　● デイ・バック　● デイ・バッグ　● デイ・パック

I　● アボカド　● アボガド　● アボガト

J　● フラメンコ　● フラミンゴ　● フラメンゴ

K　● ティーパック　● ティーバック　● ティーバッグ

L　● ギブス　● ギプス　● ギブズ

M　● ユキビタス　● ユビキタス　● ユピキタス

次のA～Hの表記のうち、より広く一般的に用いられているものを調べ、選びなさい。また元の英語のつづりを書きなさい。

A　● コミュニケーション　● コミニケーション

B　● シミレーション　● シミュレーション

C ● クオーク ● クォーク

D ● スイーツ ● スウィーツ

E ● ビンテージ ● ヴィンテージ

F ● スイング ● スウィング

G ● ボーリング ● ボウリング

H ● バレエ ● バレー

この章のタイトルを思いだしましょう。

第13章

それからどーした？

問題1 ある説明会の会場で、次のような会話が交わされています。

参加者A「次の説明会は1時半からですよね。」

スタッフ「はい、そうです。」

参加者A「何時に終わりますか？」

スタッフ「前回の説明会は10時半から始まって12時に終わりましたから……今回も同じくらいで、1時間半で終了すると思います。」

参加者A「わかりました。ありがとうございました。」

次の説明会は何時に終わりますか。

● 10時30分　● 12時　● 1時30分　● 3時

問題2 あるレストランで、次のような会話が交わされています。

客B「四つのサラダのなかで、いちばん野菜の量が多いのはどれですか？」

店員「シーフードサラダでございます。」

客B「量が多いのがいいから、じゃあ、これで。」

店員「はい。かしこまりました。」

客B「あっ！　ちょっと。シーフードサラダって、すぐにできますか？」

店員「シーフードの調理のため、少々お時間をいただきます。」

客B「シーフードより、早くできるサラダはあります？」

店員「グリーンサラダとシーザーサラダなら、早くお持ちできますが。」

客B「どちらの量が多いですか？」

店員「シーザーサラダでございます。」

客B「ンじゃあ、やっぱり早くできて、量が多いほうがいいから、これで。」

店員「かしこまりました。」

Bさんはけっきょく、どのサラダを注文しましたか。

- 豆腐サラダ
- シーフードサラダ
- グリーンサラダ
- シーザーサラダ

スーパーマーケットの食品売り場で、次のような会話が交わされています。

店員「ジュースの試飲、いかがですか。」

客C「何のジュースですか？」

店員「100％フルーツと、酢をブレンドしています。」

客C「（ひとくち飲んで）おいしいですね。お酢だけ、飲めますか？」

店員「はい、どうぞ。」

客C「（ひとくち飲んで）ちょっと甘いですね。甘くない酢がいいなあ。」

店員「いかがでしょう。」

客C「どうもありがとう。」

Cさんはけっきょく、どうしましたか。

- 試飲したジュースを買った。
- ジュースを買わなかった。
- 100%フルーツのジュースを買った。
- 酢を買った。

問題4　次のような会話が聞こえています。

男D「あっ！　光った！」

女E「キャーッ!!」

男D「落ちたよ。」

2人にいったい何が起こりましたか。

第14章

Re: Re: Re: のおじさん

次のア～オまたはア～カの手紙を、往信と返信のペアにしなさい。

問い❶

ア　拝啓　突然お手紙を差し上げる非礼をお許しください。

　私は、星が丘の児童公園近くに住んでいる佐藤というものです。趣味の園芸で数年来庭先に菊を育てており、毎年季節になると色とりどりの花を咲かせ、ありがたいことに、ご近所でも評判を呼んでいます。ところが最近、いたずらからか花を摘む子どもらが多く、たいへん頭を痛めておりました。

　そんな折、ちょうどその現場を目にする機会があり注意したところ、鈴木様のご子息とのこと。今後はこのようなことがないよう、ご家庭でもご指導いただければ幸いです。　　　　　　　　敬具

イ　　お手紙拝見いたしました。ご事情のほど、深くお察し申しあげます。

　ほかならぬ貴方様のこと。なんとかお役に立てないものかと、いろいろ算段してみましたが、しかし、どうにも都合がつきません。

　実はこの不景気で春先から給料の遅配が始まり、私どものほうでも、生活費のやりくりに頭を痛めている状態なのです。ご期待を裏

切る結果となってしまい申しわけございません。どうか、あしからずご了承ください。

まずはおわびかたがた、とり急ぎお返事まで。　　　　かしこ

ウ　拝復　お手紙、拝読いたしました。

愚息の不始末、たいへん申しわけございません。深くおわび申しあげます。本人に確かめましたところ、やはり、お宅様の大切な花を折ってしまったとのこと。丹精こめた花とも知らず、遊び半分にしてしまったと申しており、親として恥じ入るばかりです。

本人にはきつく言いきかせ、二度とこのようなことはしないと申しておりますので、なにとぞご容赦ください。

いずれ親子ともども、おわびに伺いたいと存じます。　敬具

エ　拝啓　秋冷の候、いよいよご健勝のこととお慶び申しあげます。

さてご存知のように、私は今年大学四年生で、この秋は就職試験でひと苦労いたしましたが、それでもなんとか同人化学工業に採用が内定いたしました。

つきましては、身元保証人が必要とのことでございますので、恐れ入りますが、お力になっていただけないでしょうか。突然のお願いで恐縮ですが、決して伯父様にご迷惑をお掛けしないことをお誓いいたします。

いずれあらためて、父ともどもお願いに伺おうと思っておりますが、まずは書面にて依頼申しあげます。　　　　　　敬具

オ　拝啓　新緑が目にしみる今日このごろ、皆様にはお変わりなくお過ごしでいらっしゃいますでしょうか。

日ごろから何かとご心配をお掛けしておりますのに、このうえ大変申しあげにくいことですが、このたびはご用立てのお願いがあり

ましして、お手紙させていただきました。

実は、結婚以来住んでおります私どものマンションへのエレベーターの設置が住民会議で決定し、来月中に設置費用を各戸で四十万円ずつ用立てることとなりました。

夏の賞与で必ずお返しいたしますので、どうか、この急場にお力をお貸しくださいますようお願い申しあげます。　　　　敬具

ペアにならなかった手紙に対する返信を書きましょう。

問い❷

ア　とりあえず一筆申しあげます。

このところの暑さで、夜遅くまで窓を開けて過ごすことが多くなりました。これまで、あまり気にならなかった音にも、すこし敏感になっているようです。

突然このようなことを申しあげて心苦しいのですが、お宅のステレオの音で眠れない日が続いております。

せめてこの季節だけでも、ヘッドホンなどをお使いいただければ幸いに存じます。

長年のご近所づきあいに免じて、どうかお聞き届けください。

イ　前略　とり急ぎ申しあげます。

先日お借りしたカメラですが、実は、私の不注意で破損してしまいました。ホームパーティーを開くという私に、とても大切なものをお貸しくださいましたのに、本当に申しわけございません。大勢のお客様に、いつになくはしゃいだ小学生の息子が落としてしまったのです。すべて、目が行き届かなかった私の責任です。

近日中にあらためておわびに伺いますので、どうかお許しくださいますようお願い申しあげます。　草々

ウ　とり急ぎ、申しあげます。

先ほど、当マンションの管理人さんに伺って、先日の件を知ったところです。

当方のベランダに置いてある洗濯機のホースが外れ、階下のお宅様の洗濯物を汚してしまったとのこと。ホースの不具合にはあとで気がつきましたが、そんなこととは思い至らず、本当に申しわけございません。

着用できなくなってしまったお洋服については弁償させていただ

きます。

お留守のようでしたので、まずは書面にておわび申しあげます。

エ　拝啓　紅葉の美しい行楽の季節となりました。ますますご健勝のこととお慶び申しあげます。

さて先日は、お貸ししたカメラをさっそくお届けいただきまして、ありがとうございました。

ところで、たいへん申しあげにくいことなのですが、過日使用したところ、ズームレンズがスムーズに動かず、うまく望遠撮影ができません。

以前にはなかった不具合ですが、もしかして、お心当たりがおありでしょうか。

たいへん失礼とは存じますが、念のため、お問い合わせ申しあげる次第です。　敬具

オ　前略　いつもお世話になっております。

さて先週の土曜日、梅雨の晴れ間の快晴に恵まれた日のことです。どのお宅でも「このチャンスを逃すまじ」とばかりに大量の洗濯をされていたようですが、わが家も例にもれず、ベランダにはいっぱいの洗濯物。

ところが日中、雨でもないのに水音が。不思議に思って外を見ると、せっかくのお気に入りが……

胸がつぶれる思いでした。

おそらく上階のどなたかのところから。事実関係の確認を管理人様にお願いできればと思い、書面にてお願い申しあげる次第です。よろしくお願いいたします。　草々

カ　日ごろからたいへんお世話になり、どうもありがとうございます。

さて爽やかな夜風が心地よい季節になり、一日の疲れを癒すのに風を取り込もうとしていることも忘れ、夜のしじまの調べにすっかり身をゆだねてしまっておりました。

ご迷惑をお掛けしているとも気づかず、たいへん申しわけございません。これからはエアコンを入れるなど、工夫をいたしてまいります。

これからも、どうかよろしくお願いいたします。

ペアにならなかった手紙に対する返信を書きましょう。

ペアにならなかった手紙に対する返信を書きましょう。

第15章

ずんずん調べてみたら？

次の文章を読んで空欄 A～I を埋めなさい。

名前の画数がだんだん多くなる謎

ども。堀井憲一郎です。

けっこう長い名前で画数が多い。学生時代、試験が開始されて最初に名前書くときにけっこう手間取った。同級生の大山なんて、大山一というすげえ簡単な名前だから早かった。大山は京都大学に行った。おれは行けなかった。憲という字のせいだとおもう。

最近の男の子の名前も画数が多い。むっつかしい漢字が使われている。漢字コンプレックスのあらわれなんだろうか。

明治安田生命がその年多かった男の子の名、女の子の名の統計をホームページで公開してる。大正 A 年生まれからデータがある。明治安田生命って、あなたの名前こそどうなの、とおもわないでもないが、でもそこには触れないで各年の男の子の画数を数えていった。

あらためて見ていると昔の名前は気楽そうでいい。

大正一年生まれで一番多いのは、 B だけに正一。まじですよ。二位清、三位正雄。大正 C 年は正二が一位。大正 D 年は正三が一位です（大正四年はさすがに正四なんて読みにくい名前はなく、清が一位）。当時の日本人の健気さが出ていて、おも

男子の名の画数の変遷
人気の男子名ベスト10に使われた画数の多い漢字の平均変遷

年	平均画数	使われた画数の多い字				
1912〜1915	8.68	義	雄	清	郎	勇
1916〜1920	9.16	義	雄	博	清	勇
1921〜1925	8.68	博	雄	清	進	勇
1926〜1930	8.96	博	雄	清	進	昭
1931〜1935	9.10	稔	博	雄	清	進
1936〜1940	9.76	勲	稔	博	勝	清
1941〜1945	10.26	勲	稔	勝	博	進
1946〜1950	9.98	稔	豊	誠	博	清
1951〜1955	10.66	誠	稔	豊	博	隆
1956〜1960	11.04	徹	聡	誠	豊	稔
1961〜1965	11.40	樹	徹	聡	誠	豊
1966〜1970	11.24	樹	徹	誠	博	健
1971〜1975	11.70	樹	徹	輔	聡	誠
1976〜1980	10.72	樹	輔	聡	誠	淳
1981〜1985	11.30	優	樹	徹	輔	誠
1986〜1990	11.64	駿	樹	輔	達	翔
1991〜1995	12.25	翼	樹	輝	輔	翔
1996〜2000	11.98	翼	駿	優	樹	輝
2001〜2005	12.50	翼	優	駿	樹	輝

わず日の丸を振りたくなります。欧米か。ちがいますね。

昭和の一年はこれは一週間しか存在しなかったから、一位は清。でも昭和［E　　］年は昭二が一位で昭が二位。昭和［F　　］年は昭三が一位です。あっさりつけてそうなのがいいですねえ。何だか潔い。

ちなみに平成一年の人気の名は、翔太、拓也、健太。平成二年も同じである。

みんな翔っていう字が好きだよねえ。

平成年間で人気の文字を数えると一位が太、二位が大で、三位に翔が来る。だいたい［G　　　］文字名が多く、太とか大をご飯のほうだとすると、おかずサイドで一番人気なのは翔の字だ。

あまり日常で使わない字だってこともあって、おいらは「翔」の字を見るたびに、暴走族をおもいうかべてしまう。暴走族や攻撃的な音楽グループは、［H　　　］の多い漢字を使いたがりますね。それは、何がなんでも［H　　　］が多いほうが力がありそうだ、ありがたい、とおもうからでしょう。漢字コンプレックスと言ってしまえばそれまでだけど、でもヤマト民族の直観としては当たってる。だって漢字はうちの文字じゃないもんね。よくわからない他国の文字を使うなら、［H　　　］の多いほうが何だか力がありそうだ。

名前に使われる漢字は、徐々に画数の多いものになってんじゃないかとおもって調べたら、まあ、だいたいそうなってました。少なくとも大正から昭和前期に比べて、昭和後期、平成期は画数が多くなってる。平成期のほうが昭和より画数の多い漢字が好まれてる。

昭和後期から増えてるのは、おそらく敗戦後の略字が定着していくことの裏返しなんでしょう。簡単な漢字が広まるにつれ、理解を超えて画数の多い字への不思議な信仰が進んでいくわけだ。もうひとつは、やはり気軽に名前をつけなくなっていってるってことで、言っちゃなんだが、大きなものを最初から子供に背負わせたがってるんだろうな。ま、子供は死なないものだという前提に立ってますよね。大正時代に比べれば。

子供の［I　　　］時代は、名前も簡単だったてことだ。画数の多い子供ばかり集まってる風景を想像すると、なかなか大変な社会なんだなとおもいます恐惶謹言。

〔出典：「週刊文春」2006年11月30日号掲載、堀井憲一郎“ホリイのずんずん調査”より〕

第16章

ぐらぐらグラフ

家電メーカーの会議室で、2100 年のある惑星における電気製品についての調査結果が報告されています。

それでは、地球の 21 世紀当時と発展が同じ程度と見られる、第二次銀河系 M86 惑星での調査結果をご報告いたします。電気製品の普及率を見たところ、非常に興味深い結果が出てきました。1 人当りの各製品の台数は、M86 惑星ならではの特徴が推測できます。マルチヒアリングが得意な M86 星人は、携帯電話はすでに 1 人 2 台以上であり、その一方、多機能を可能にするパソコンは 1 人 1 台に満たない状況です。そういう意味では、テレビが前者の 3 倍となっているのもうなずけます。この背景には……

ここで説明されているグラフを、以下のア～エから選びなさい。

ア

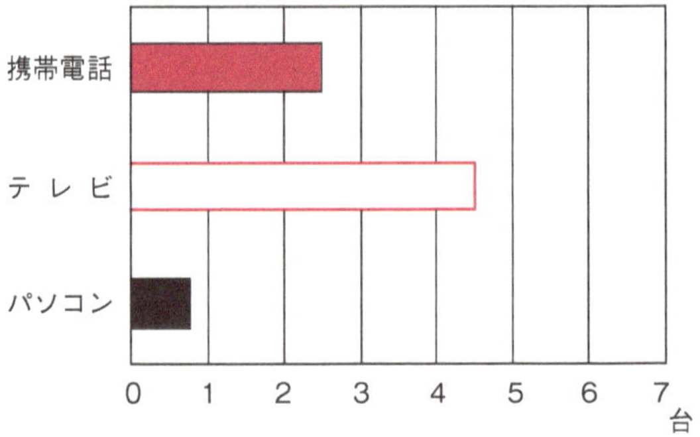

イ

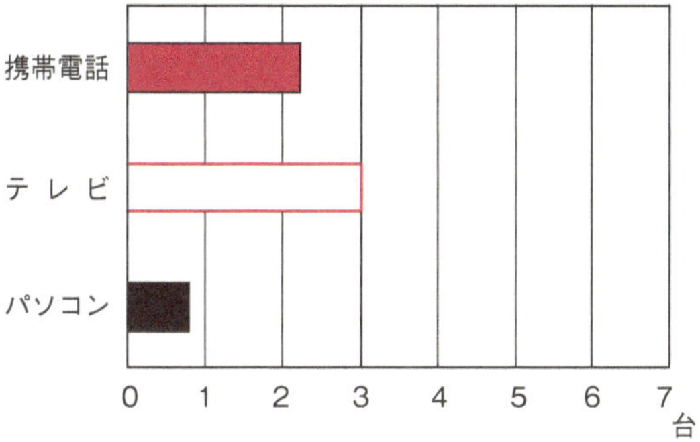
携帯電話
テレビ
パソコン
0
1
2
3
4
5
6
7
台

ウ

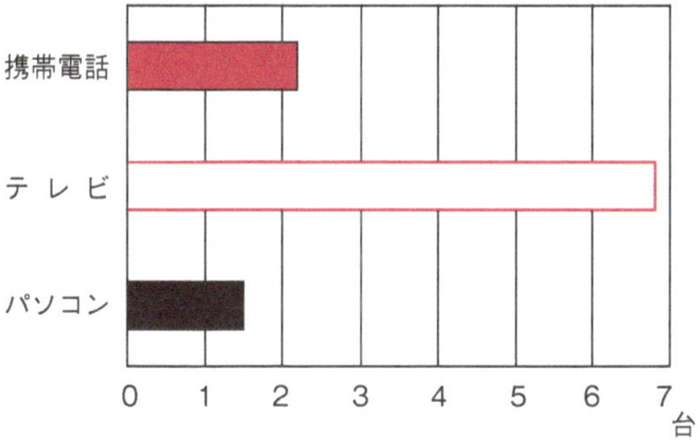
携帯電話
テレビ
パソコン
0
1
2
3
4
5
6
7
台

エ

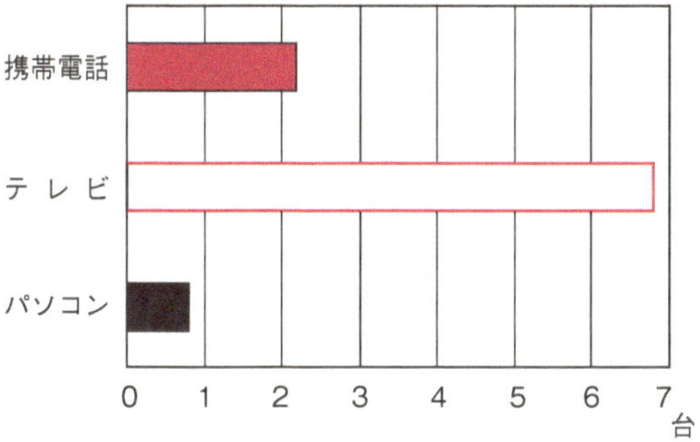
携帯電話
テレビ
パソコン
0
1
2
3
4
5
6
7
台

自動車学校で飲酒運転についての講義が行われています。

危険運転致死傷罪など、厳罰化に伴い酒提供者や同乗者も処罰対象になりました。その背景には、飲酒運転の増加があります。

とくに世代別調査の結果からは、さまざまなことがわかります。

また年末年始、新年度に入ってすぐの時期に増加するのはどの世代も共通しています。世代別に見ていくと20代以下では夏休み時期、ついで新年度初め、年始の順に多くなっています。年度初めは、なぜか50代以上が約5割を占めているというデータになっています。転勤、退職など生活環境の変化が原因なのか、慣れによる慢心なのかはこのデータからは見ることはできませんでした。

そのほか……

ここで説明されているグラフを、以下のア～エから選びなさい。

ア

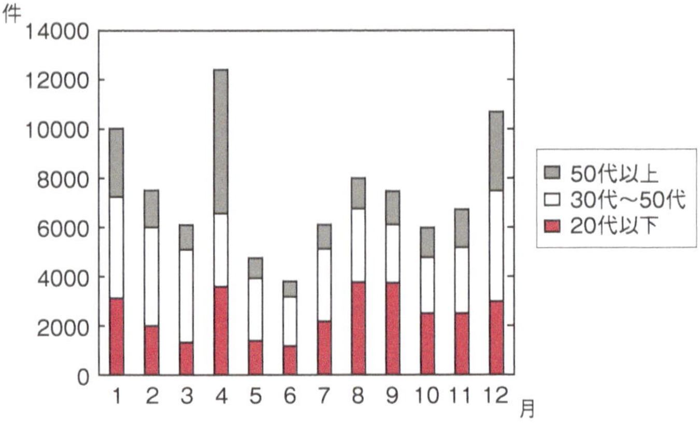

イ

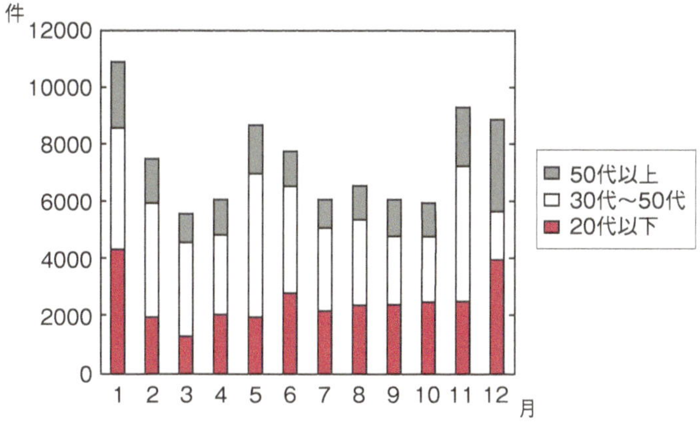
件
12000
10000
8000
6000
4000
2000
0
1 2 3 4 5 6 7 8 9 10 11 12
月
50代以上
30代～50代
20代以下

ウ

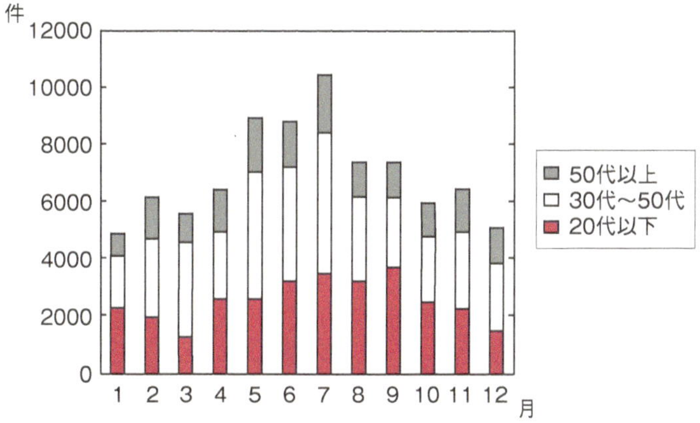
件
12000
10000
8000
6000
4000
2000
0
1 2 3 4 5 6 7 8 9 10 11 12
月
50代以上
30代～50代
20代以下

エ

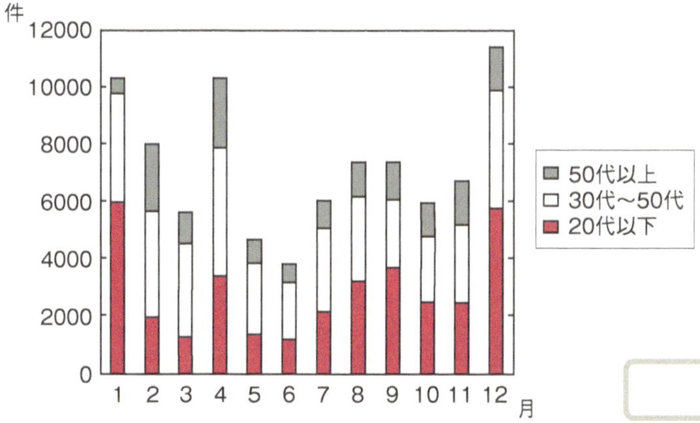
件
12000
10000
8000
6000
4000
2000
0
1 2 3 4 5 6 7 8 9 10 11 12
月
50代以上
30代～50代
20代以下

ある大学での学生生活調査の結果が、会議で報告されています。

本学では、とくにここ数年、大学祭が盛り上がりに欠けてきています。その要因として部活のみならず、サークル活動へ参加する学生の減少が関わっているのではないかと、調査をしてみました。

本調査の結果から見ると、一度もサークルに参加していない、今は参加していないと回答したものは合わせて3割弱で、現在サークル活動に参加している学生の割合は低いものとはいえない結果でした。

しかし、上級学年になると「以前参加していたが今は参加していない」という回答の占める割合がかなり高くなっています。つまり全体の8割以上の学生が、いずれかの時点で参加したことがあるということがわかりました。

それでは、なぜ大学祭が……

ここで説明されているグラフを、以下のア～エから選びなさい。

ア

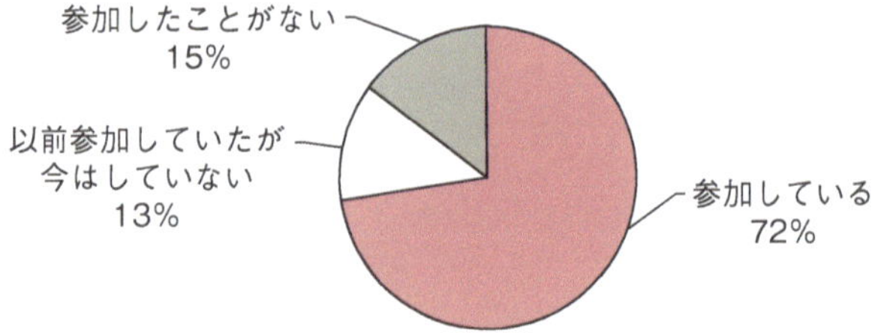

イ

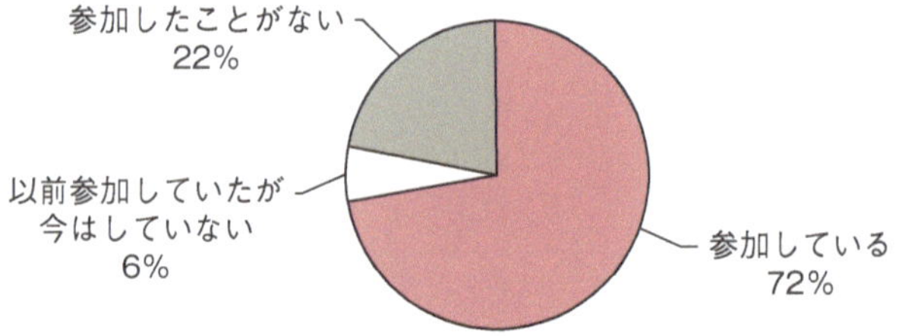

ウ

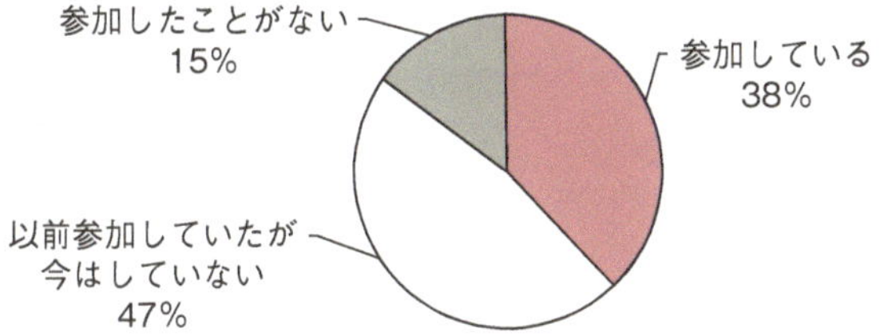

エ

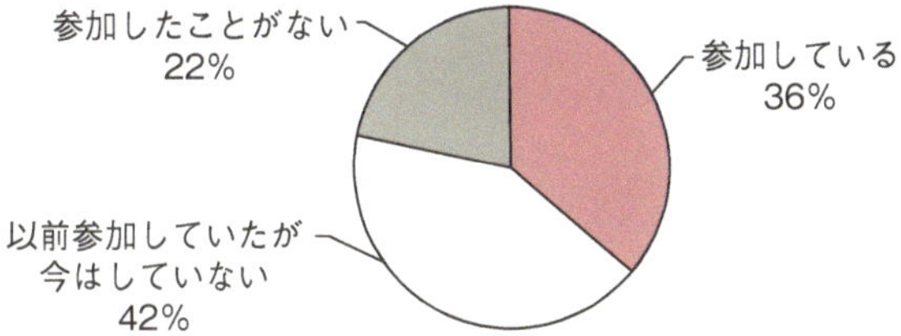

問題4　教員室で2人の先生が会話をしています。

教員A「先生、毎朝新聞に載っていた就職アンケートの結果、ご覧になりました？」

教員B「ああ、これ。民間企業と公務員の差が5%しかなくて、時代の変化を感じますね。ひと昔前というか、不況の時期は、だれもが安定志向が高くて、公務員になって安心して生活したいと言っていたもんですがね。」

教員A「そうなんですよね。ぼくらのころには公務員志望が優に半分を超えていましたからね。先々を考えたら、公務員のほうが安定していると思うのはぼくらが年寄りだからでしょうかね。“その他”というのも増えて、10人に1人以上ですよ。」

教員B「“なりたいものになりたい”学生はなによりも、自分の夢をかなえたいと、チャレンジ精神旺盛なんでしょうね。」

教員A「そういう意味では自分で会社を始めるとか、特殊な専門学校進学や大学院まで行きたいとか、いままでの“学費も親がかり”というのではなく、自分で道を切り開くというのが主流になるのかもしれませんね。そのころには、公務員が１位じゃなくなりそうですね。」

２人が見ているグラフを、以下のア～エから選びなさい。

ア

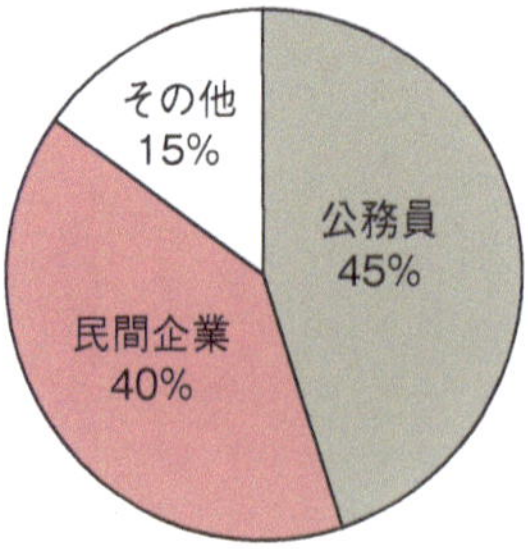

イ

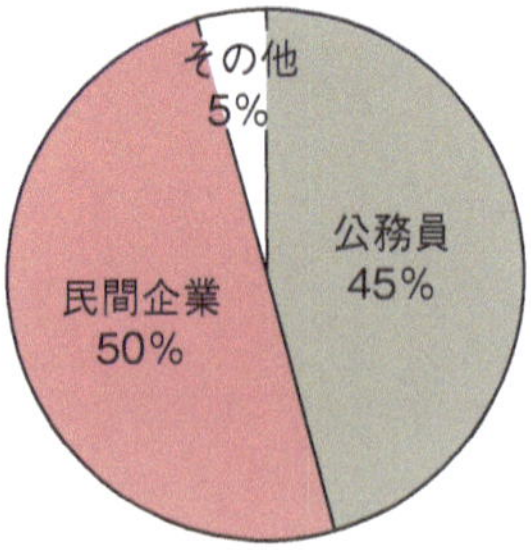

ウ

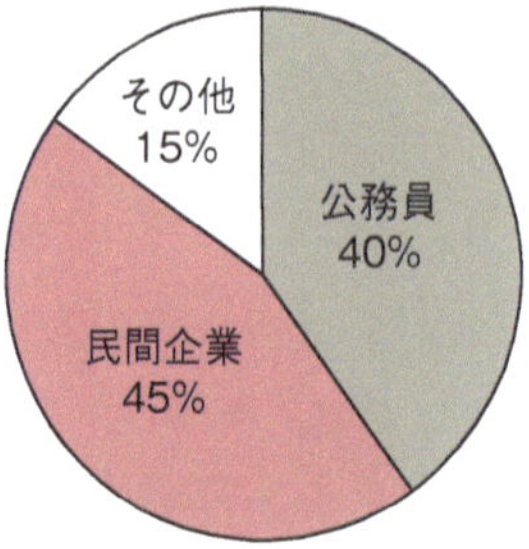

エ

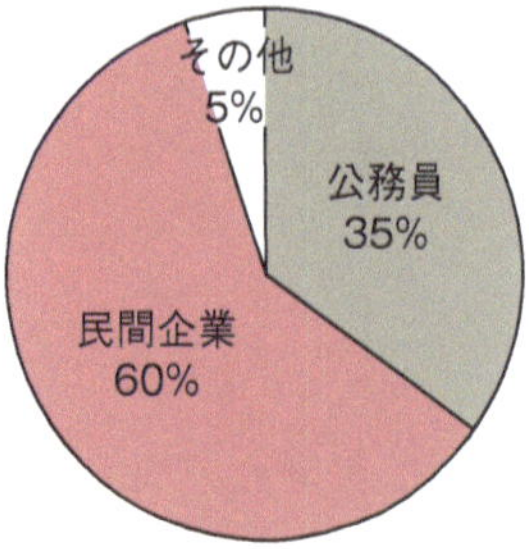

問題5　あるゼミで、学生が次のような発表をしています。

戦後から50年代に入るまで人口は急激な増加をしており、ベビーブームと呼ばれる時期と一致します。しかしその後、都市部の産業構造の変化と、農業がいちじるしく衰えたことに伴い、労働力として都会へ移動する人が急増します。

この傾向は高度経済成長期を迎えた60年代いっぱいまで続き、その後70年代に停滞し、80年代に入りやや減少傾向に転じます。90年代には新幹線の開通と新駅の開業により、郊外型住宅地としての人気が高まり、変化の向きを変えます。このような人口の変化は……

ここで説明されている内容を、適当な形式のグラフを用いて表しなさい。

第17章

ため口はダメロ

次に示す先生と学生との会話を読んで、学生の言葉づかいを、先生との上下関係を踏まえた適当な表現に直しなさい。

問い❶

先生「山本君、早くレポートを提出してください。」

学生「あっ……ちょっと、めっちゃ時間なかったんスよ。」

先生「時間がなかったって、どういう意味だ？」

学生「フツーに忙しかったんですよ。」

先生「普通に忙しいって、いったい何に忙しいんだ？」

学生「バイト。バイトっす。」

先生「**アルバイトと学業、どちらが大切だと思っているのですか。**」
学生「ってゆーか、バイトやんないと、今月ヤバイんスよ。」

問い❷

先生「**実験は、きちんと進んでいるか。**」
学生「ぜんぜん順調っスよ。」

先生「**順調といっているが、データが揃っていないよ。**」
学生「いまやってますよ。やってるんスよ。」

先生「**やっているといっても、記録をきちんととっているのか。**」
学生「ぼちぼち。」

先生「**ふぅ……。間に合わないと、困るのは君だよ。**」
学生「ダイジョーブっす。」

問い❸

学生「センセー、さっき社会契約説の話、してましたよねェ。それって、誰のですかァ。」

先生**「君は、何がききたいの。」**

学生「社会契約説ってのを言った人。」

先生**「それはイギリス人かな、ドイツ人かな。」**

学生「わかんないけど、本書いた人。」

先生**「どの本かな？」**

学生「社会なんとか……」

先生**「『社会契約論』のことならば、それはジャン・ジャック・ルソーだよ。」**

学生「あ、そっかー。」

問い❹

先生「きょうは行列どうしの足し算について説明します。まず足し算ができるためには、行列どうしが同じ形である必要があります。それでは……」

学生「センセー、頭じゃまー。」

先生「はい、すこし待ってください。これでいいですか？　では、この1行1列目が2、1行2列目が0、2行1列目が……」

学生「どっちが行で、どっちが列ですかー。」

先生「えっと、まだ習ってない？」

学生「やってないですぅ。」

先生「そうなんだ。」

第18章

くねくね文

次の A～E の文を、意味がよく通るように直し、わかりやすくしなさい。

A　ぼくは途中でコーヒーハウスに入って、一服し、飲んだコーヒーはジャムが入って熱かった。

B　渋谷センター街を友人と歩いていたところ少年に十数人の取り囲まれた暴行を受けた。

C　私は肉を切った包丁に臭いがつくので、野菜を切るため2種類の肉用と野菜用と包丁を使い分けている。

D　私たちがずっとお待ちしていますから、必ずいつか住んでいるこの町に、田中さん来てくださいね。

E　勝てば自力で決勝トーナメント進出を決め、2点差で決められる条件でのぞんだ一戦は、たび重なるシュートミスで番狂わせの予感さえ漂っていた。

一つの文のまま、直す必要はありません。

第19章

枝葉末節ではない幹

問題1 いま下のように教科や科目に関連する言葉が混ざり、ランダムに並んでいます。これらを分類、整理し、図を用いて表しなさい。

❗ 下のようなツリー図が、分類にはとても便利です。

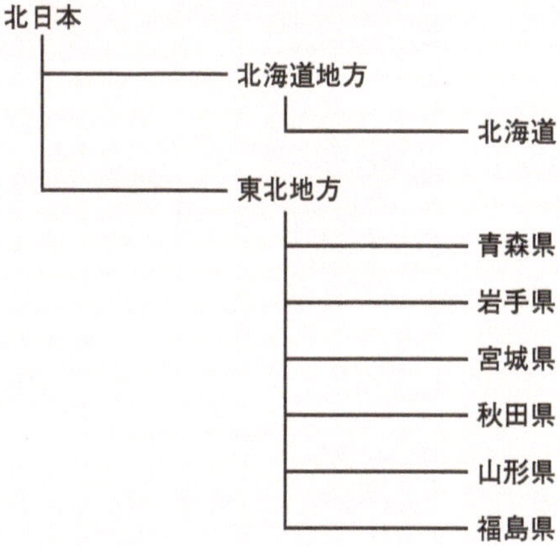

いま下のように大学の成り立ちに関連する言葉が混ざり、ランダムに並んでいます。適当な言葉をおぎなって、これらを分類、整理し、図を用いて表しなさい。

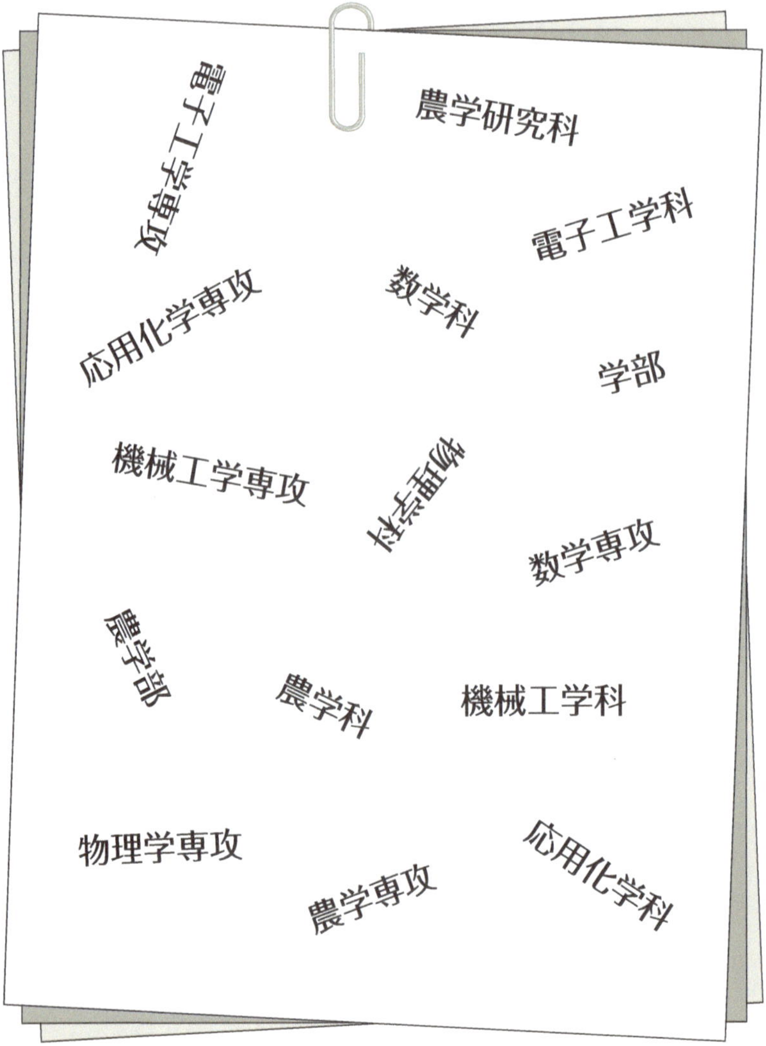

以下に並んだ言葉を図によって分類、整理しなさい。なお必要があれば、適当な言葉をおぎなってもかまわない。

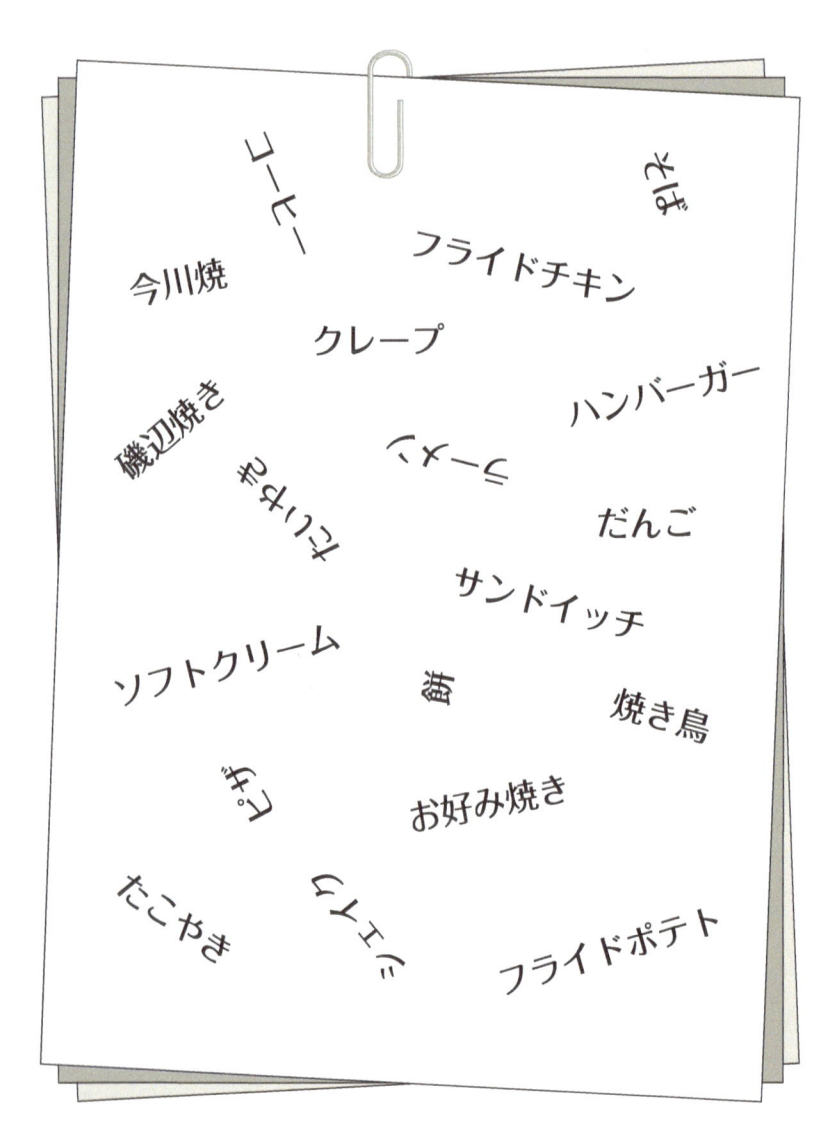

- コーヒー
- そば
- フライドチキン
- 今川焼
- クレープ
- ハンバーガー
- 磯辺焼き
- ラーメン
- たいやき
- だんご
- サンドイッチ
- ソフトクリーム
- 餅
- 焼き鳥
- ピザ
- お好み焼き
- たこやき
- シェイク
- フライドポテト

次の文章の内容を、図にまとめなさい。

地図には大きく分けて、一般地図と主題地図の二つがある。一般地図は多目的用につくられたもので、よく目にする２万５千分の１や５万分の１などの地形図がそうである。この地図では、ある町がどこにあるか、ある場所とある場所とがどれくらい離れているかなどを知ることができる。一方の主題地図とは、特定の目的のためにつくられた地図である。

この主題地図の代表的なものとして、まず天気図があげられる。そのほか旅行の際に利用する道路地図や鉄道地図がある。航海で用いられる海図、土地の利用状態を示す土地利用図なども主題地図である。またいわゆる分布図も主題地図の一つであり、これにはたとえば植物分布図や言語分布図といったものがある。

第20章

雨が降ったらフトンを干そう

次のA〜Jの空欄に入る最も適当な語を、後に示すものから選びなさい。

A　棒磁石を糸でつるして自由に回転できるようにすると、この磁石のN極は北を指して止まります。[　　　　]、S極は南を指して止まります。

B　ベクトルという量は方向と大きさをもっています。[　　　　]、大きさだけをもつスカラーとちがって、方向ももっているのです。

C　電子と原子核の間には引力が働いています。[　　　　]、電子はマイナスの電気を帯び、原子核はプラスの電気を帯びているからです。

D　このようなメカニズムで、緑色植物は光合成を行っています。[　　　　]、このメカニズムが私の研究テーマでもあります。

E　地球の公転周期はおよそ1年です。[　　　　]、地球はおよそ1年をかけて太陽の周りを1周するということです。

F　ここでは動物細胞と植物細胞の違いについて考える。[　　　　]、植物細胞には細胞壁が見られるのに、動物細胞にはこれが存在しないということがあげられる。

G　アルカリ金属は反応性に富んでいる。［　　　　］、その一つであるナトリウムは銀白色の軟らかい金属だが、空気中では酸素や水と反応して、すぐに金属光沢を失う。

H　ニュートン力学は正しいだろうか。［　　　　］、われわれが日常扱う、肉眼で見えるサイズのものを考える場合には正しい答えを導き出してくれる。

I　ニュートンとライプニッツ。微積分法を発見したのはいったいどちらというべきだろうか。［　　　　］、とにかくわれわれは、この便利な道具を使っていくことにする。

J　水晶は蛍石よりも硬く、ダイヤモンドは水晶よりも硬い。［　　　　］、ダイヤモンドは蛍石よりも硬い。

- というのも
- たとえば
- したがって
- 他方
- それはさておき
- いいですか
- いいかえれば
- 少なくとも
- まず第一に
- ちなみに

問題2

次のAとBの二つについて、それぞれの空欄①と②に当てはまる言葉を後に示すものから選び、意味の通った文にしなさい。

問い❶

A　部屋干しの洗濯物を早く乾かしたい。［①　　　　］エアコンで［②　　　　］を上げよう。

B　部屋干しの洗濯物を早く乾かしたい。［①　　　　］エアコンで［②　　　　］を下げよう。

● だけど　● だから　● 温度　● 湿度

問い❷

A　あなたのことが［①　　　　］です。［②　　　　］、さようなら。

B　あなたのことが［①　　　　］です。［②　　　　］、ずっといっしょに。

● 大好き　● 嫌い　● だけど　● だから

問い❷ は、ある男女2人の間の会話の一部です。2人の関係を説明しましょう。

第21章

シャッフル

次の四つの文を読んで、意味のつながりがはっきりとした文章になるよう並べかえなさい。

問い❶

- この量を図示するには、矢印を用います。
- そして、方向は矢印の向きで示します。
- ベクトルは大きさと方向をもつ量です。
- 大きさは矢印の長さで表します。

問い❷

- このとき、体積が増加します。
- 液体の水は、0℃で固体の氷になります。
- つまり、これは水が特異な化合物であることを意味しています。
- このように液体に比べ、固体の体積が大きな化合物はほとんど見当たりません。

問い❸

- たとえば5−7は自然数にはならない。
- しかし自然数どうしの引き算、割り算は自然数になるとは限らない。
- 数1、2、3、……を自然数という。
- 自然数どうしの足し算、掛け算の結果は、また自然数になる。

問い❹

- したがって、原子は電気的に中性である。
- ところで1個の原子では、電子と陽子の数は等しい。
- 原子核は、さらに正の電荷をもつ何個かの陽子と、電荷をもたない中性子とからなる。
- 原子は、その中心に正の電荷をもつ1個の原子核と、それをとりまく、負の電荷をもったいくつかの電子とからできている。

問い❺

- イチョウは、このうちの裸子植物の一種です。
- 種子植物は、裸子植物と被子植物とに分けられます。
- またイチョウには雌雄の区別があり、実は雌株にだけなります。
- イチョウの実は「ぎんなん」といい、茶碗蒸しなどの具に使われます。

第22章

あぅ…っとライン

次の文中の空欄 A～D にあてはまる最も適当な語句を、後に示すものから選びなさい。

A

新型インフルエンザの感染が確認されている国へ渡航される方は、渡航先の感染状況などに十分注意してください。また、これらの国に滞在される方は、今後WHOの情報にも留意しつつ、感染防止対策を徹底するとともに、感染が疑われた場合には速やかに現地医療機関を受診してください。

B

- せきやくしゃみ等による感染を防ぐため、マスクを着用する。
- ひんぱんに手洗いうがいを行う。
- 発熱やせきなどインフルエンザ様の症状がみられた時は、現地の医療機関を速やかに受診する。

C

- 潜伏期間は 1～7日。
- 症状は、38 ℃以上の発熱、鼻みず、鼻づまり、のどの痛み、せき。
- 症状が続くのは3～7日間程度。

D

- 帰国時の機内で体調に異状がある場合は、客室乗務員へお知らせください。
- 飛行機を降りられた後、体調に異状がある場合は、検疫官へお知らせください。

平成21年6月22日　成田空港検疫所

- 主な症状
- 渡航時の注意点
- 新型インフルエンザの発生について
- 帰国時の注意点

次の文中の空欄 A~I にあてはまる最も適当な語句を、後に示すものから選びなさい。

皆さんの声を県政に－第37回県政に関する世論調査－

県では、県民の皆さんの生活意識や、県政に対する県民の関心・期待・要望などをとらえ、県政推進の基礎資料とするため、年2回「県政に関する世論調査」を行っています。このたび、平成20年度第2回の調査結果がまとまりました。

A

県全域を対象に無作為に選んだ県内在住の20歳以上の男女3000人。

B

平成20年12月に郵送による方法で実施。

C

回答人数1710人、回収率57.0%。

D

防災意識、住宅用火災警報器の設置状況、環境保全に関する取り組み、レジ袋の削減、森林などの「みどり」の保全、千産千消、有機農業、農村地域の活性化、県民主役の県政運営の9項目。

E

- F

  「大地震に対する不安」について聞いたところ、「強く感じている」と「少し感じている」を合わせた91.5%の方が「不安を感じている」と回答しました。

- G

  「設置義務の認知度」を聞いたところ、「知っている」は72.9%で「知らない」の26.1%を大幅に上回りました。一方、「実際の設置状況」について聞いたところ、「設置している」は45.6%にとどまり、「設置していない」が51.2%と半数を超えています。

● H

「千産千消の認知度」を聞いたところ58.5%の方が「よく知っている」または「多少は知っている」と回答。また、67.7%の方が農林水産物を購入するとき千葉県産であることを意識すると回答しました。

調査結果は、ホームページに掲載しているほか、各県民センター、市町村、公立図書館で冊子をご覧になれます。

I

県報道広報課広聴室

TEL　043(223)2249　　FAX　043(227)3613

HP　http://www.pref.chiba.lg.jp/sc/yoron

〔出典：「ちば県民だより」2009年6月号掲載、“皆さんの声を県政に”より〕

- 主な調査結果
- 調査対象
- 問い合わせ
- 防災意識
- 回収率
- 千産千消
- 調査項目
- 住宅用火災警報器
- 調査方法

第23章

ひらがなぶん

次のA～Eの文を、カタカナや漢字を使い、また句読点をおぎなって読みやすくしなさい。

A　すもももももももものうち

B　うりうりがうりうりにきてうりうりのこしうりうりかえるうりうりのこえ

C　うらにわにはにわにわにはにわにわとりがいる

D　はははははははのはははははははとわらう

E　ぽちはあたまもしろくからだもしろくあしもしろくおもしろかった

問題2 **次の文章に句読点をおぎない、またカタカナや漢字を使って、読みやすくしなさい。**

よしのやのぎゅうどんをちゅうもんするときにつゆだくというとつゆがたっぷりはいったものがでてくることはよくしられているさてちかごろねぎだくというのをみみにすることがあるよしのやではつゆだくいがいにねぎだくがちゅうもんできるのかかはらにせんいちによればねぎだくはねぎがにくとごはんがみえないくらいにはいっているというそこであんけーとちょうさをおこなったそのけっかねぎだくのにんちどはじゅうごぱーせんとだったつぎによしのやしぶやてんでなみねぎだくでおねがいしますとちゅうもんしてみるするとはいおまたせしましたとでてきたのはつうじょうのなみもりではよんきれのたまねぎがなんとにばいのはちきれはいったものだったこれらのことからよしのやではつゆだくいがいにねぎだくというちゅうもんができることがわかった

❗ ワープロにできないことをしましょう。校正にならないように。

問題3

次の文章をカタカナや漢字を使い、また句読点をおぎなって、読みやすくしなさい。

でんしれんじでひのたまもくてきでんしれんじをもちいてひのたまをつくるじゅんびでんしれんじこにかるびーかーかんそうしたすなたんそせんいほうほういちたんそせんいをろくせんちくらいのながさにきりりんぐじょうにするにこにかるびーかーにかんそうしたすなをごみりくらいのあつさにいれそのうえにりんぐじょうのたんそせんいをのせるさんこにかるびーかーをでんしれんじにいれすいっちをいれるけっかいちこにかるびーかーのなかにひのたまがふわっとうかびあがったにひのたまはなんどかできてはきえることをくりかえしさいごはでんしれんじのうちがわぜんたいにひばながとびちった

❶ 箇条書きや改行などを利用すると読みやすくなります。

第24章

おしらせ〜って！

次の文章の内容をチラシにして、配布しようと思います。わかりやすいチラシにまとめなさい。

花の宅配便はいかがですか。

申し込み受付後、4日から1週間前後で、花一般・アレンジ・観葉植物・切り花・花束（植え込み・ドライフラワーを除く）を、お申し込み1回につき、数量、金額に関係なく、一律580円（含税・送料）でお届けします。配送料金と花の代金は、お届け時、代替え支払いでお願いします。

また、カードもご利用になれます。電話、ハガキ、FAXで下記（株）花のサービス社まで、お申し込みください。（なお、商品、地域により多少日数がかかる場合があります。）

〒102-XXXX　千代田区百番町99-98
(株)花のサービス社
電話　03-3556-XXXX
FAX　03-3555-XXXX

問題2 **次の文章の内容をまとめて、掲示板に掲示しようと思います。わかりやすくまとめ直しなさい。**

この大学の学生さんにお伝えしたいことがあります。

成績証明書や学割証などが必要なときには、庶務課学生窓口で交付しています。窓口の受付時間は月・火・水・木・金は9：00～4：30です。

これまで交付所要日数は1週間でしたが、機械化により短くなり、中3日になりました。但し、成績証明書だけは中4日です。月曜日に申請して金曜日に交付されます。土・日・休日をはさむときは、その日数を加えてください。

なお12：00～13：00は、窓口は昼休みです。

問題3 学生2人が、次のような会話をしています。

学生A「こんど飲みに行かない？　今週、百木屋で980円の2時間飲み放題やってるんだけど、行ってみない？　みんな誘って、今度の土曜日に行こうよ。」

学生B「陽菜ちゃんと美羽ちゃん、誘おう。」

学生A「その2人ヒマそうだし。ほかに誰かくるかな。」

学生B「まあ、誰でもいいか。」

学生A「土曜日、映画みるんだよね。そのあとにする？」

学生B「わたし、『のび太の恐竜』みたいなァ。もう、みた？」

学生A「めっちゃ、おもしろかったけど、もう1回みたいね。……で、そのあとだから、どこで待ち合わせる？」

学生B「駅前にしよう。」

学生A「映画みて、ぶらぶら歩いてくと6時ごろ？」

学生B「予約しなくていっか。」

学生A「いいよ。じゃあ私、みんなに連絡しとく。」

この集まりをメールで知らせなさい。

第25章

マル描いてチョン！

次の図を説明する文章を書きなさい。ただしその文章を読んだだけで、この図を見なくても、同様な図が再び描けるような説明をしなさい。

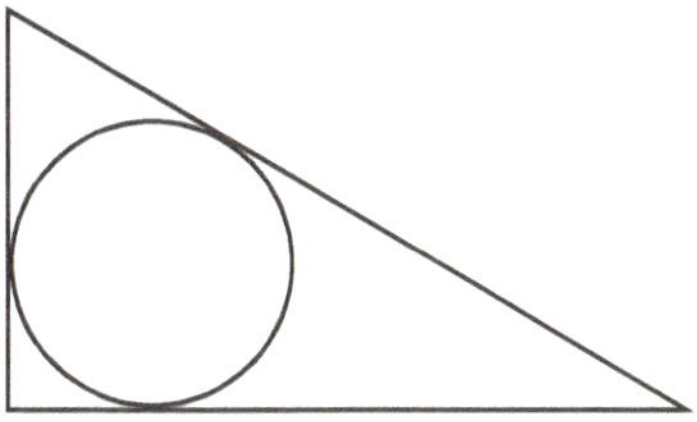

❶ 自分で書いた文章を読んで、図が再現できるかを確かめてみましょう。

下に示した図から一つを選び、上の問題 1 と同じ要領で説明文を書きなさい。次にそれを友だちに読んでもらい、その説明文だけで、元の図を見ずに、友だちに図を

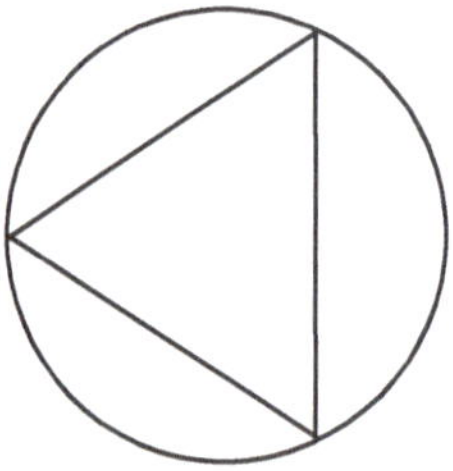

(^0^)

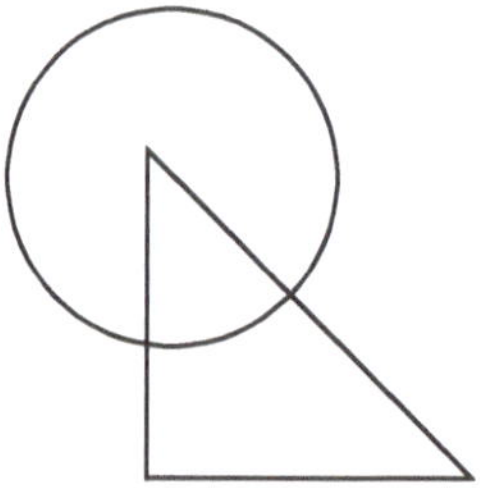

(^^)_旦~~

再現してもらいなさい。うまく図が再現できなかった場合は、説明に問題がなかったか、よく話し合いなさい。

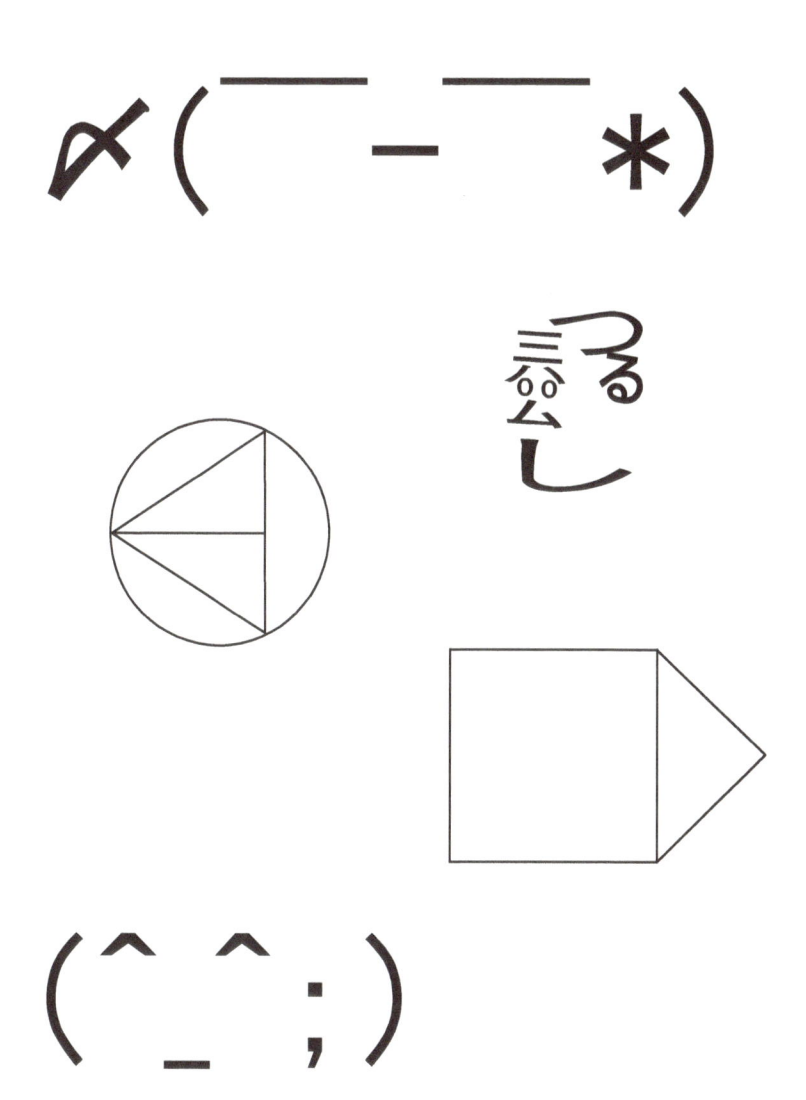

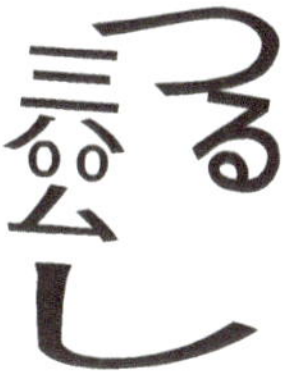

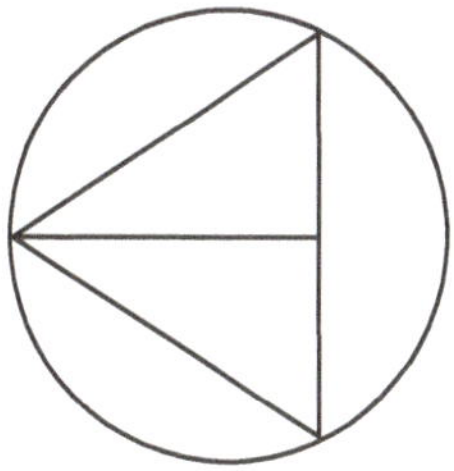

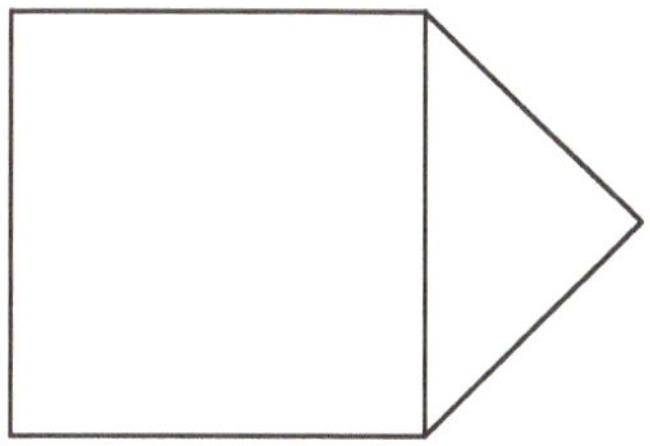

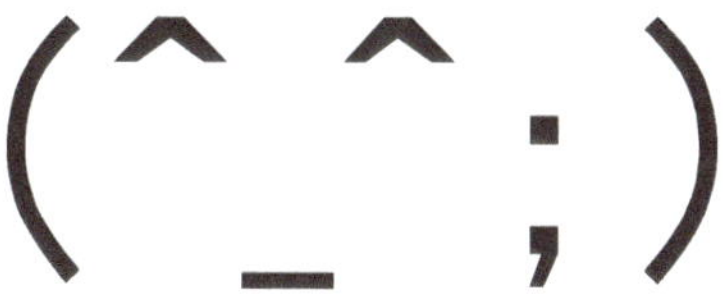

図は再現できましたか。友だちとよく話し合って説明の良かった点、悪かった点をまとめましょう。

図は再現できましたか。友だちとよく話し合って説明の良かった点、悪かった点をまとめましょう。

第26章

たびたびナビ

次の地図を見て、いまワイキキビーチ交番にいる人に、アロハサーフまでの道順をわかりやすく教えなさい。ただし、この人は地図を持っていないこととします。

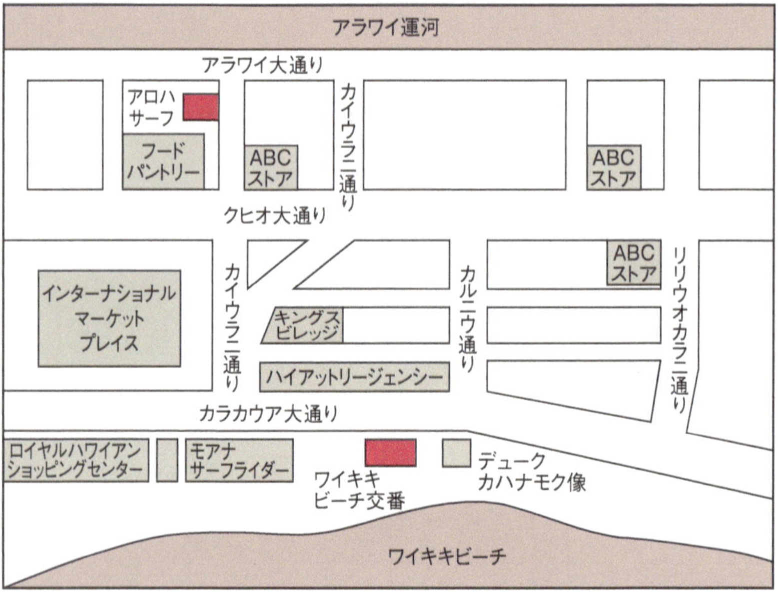

次の地図を見て、いまインドネシア大使館にいる人に、チュラロンコン大学までの道順をわかりやすく教えなさい。ただし、この人は地図を持っていないこととします。

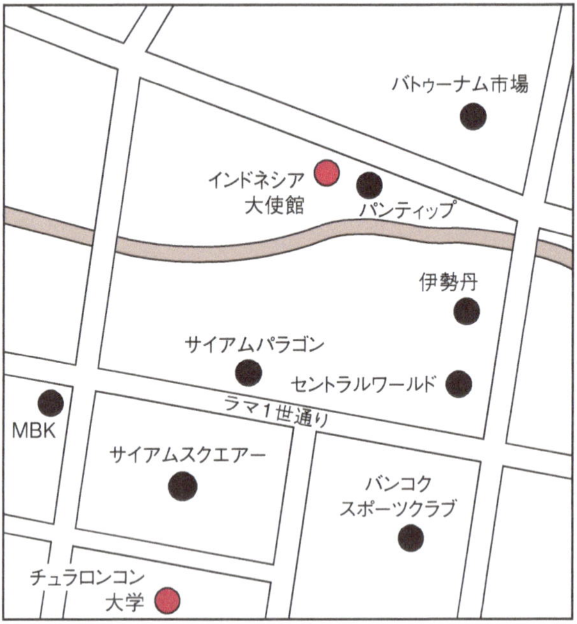

次に示したのは、ナスカの地上絵についての地図です。いま、ある観光客が、ナスカ空港から小型飛行機による遊覧飛行で、ナスカの地上絵を上空から見学します。彼はクジラ、クモ、コンドル、サルの地上絵を見たいといっています。飛行ルートを考え、どのような順序で、どの方向に、どの地上絵が見えるか、彼に説明しなさい。ただし、彼はこの地図を持っていないこととします。

木
コンドル
オウム
トカゲ
クモ
ハチドリ
パリワナ

第27章

レシピ、処方箋、トリセツ etc.

問題1

カップラーメンのつくり方を説明しなさい。ただし１工程を単文で書き、全体を五つの文でまとめなさい。

❗ 単文とは「花が咲く」のような文のことをいいます。

インスタントラーメンのつくり方を説明しなさい。ただし１工程を単文で書き、全体を七つくらいの文でまとめなさい。

おにぎりのつくり方を説明しなさい。ただし1工程を単文で書き、全体を七つくらいの文でまとめなさい。また、おにぎりをつくるために用意するものも示しなさい。

なにか興味のあるものを自分で一つ選び、そのつくり方を説明しなさい。ただし1工程は単文で書くものとする。

レイアウトを工夫したり、タイトルをつけたりすると説明がわかりやすくなります。

第28章

ブレないキャラで

あるゲームのシーンで、次の A~E の表情をしたキャラクターがそれぞれ表示された。直前のプレーヤーとキャラクターの間のやりとり（セリフ）を書きなさい。

A

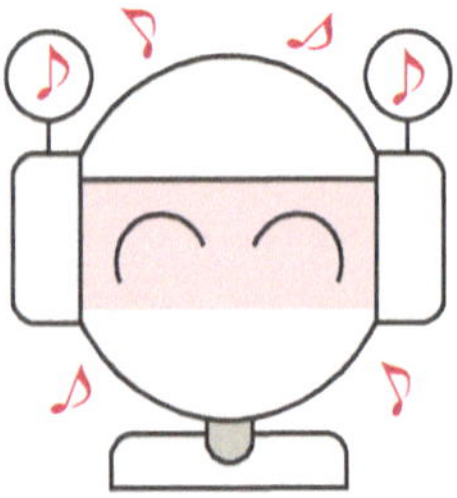

B

C

D

E

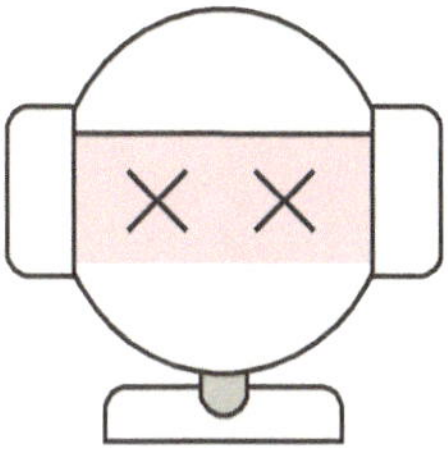

問題2 **次のア～エのようすのキャラクターを表現するには、後に示すA～Dのイラストと、aとbのセリフをどのように組み合わせるのがよいか。**

ア　本当に手伝いたいと思っている。

と

イ　本当は、あまり手伝いたくないと思っている。

と

ウ　本当に手伝いたくないと思っている。

と

エ　じつは腹黒い人物。

と

A

B

C

D

a 「お手伝いさせてください。」　b 「お手伝いはイヤです。」

おわりに

この『理工系大学生のための日本語再入門』に挑戦してみて、どうでしたか。「意味わかんない」と思っていたころが、懐かしくなっているのではないでしょうか。すべてに挑戦してみた今の、その気づきをぜひ書いてみてください。

編著者紹介

馬場　眞知子（ばば　まちこ）

1974年日本女子大学家政学部理学科卒業，1976年東京農工大学大学院農学研究科修士課程修了，2010年電気通信大学大学院電気通信学研究科博士後期課程修了．東京農工大学名誉教授．博士（学術）．
1987年日本語教育能力検定試験に合格，1988年より日本語教育に従事．JICA沖縄国際センター日本語常勤講師として，各国の外国人研修生などへの日本語教育を行う．留学生への日本語教育だけでなく，日本人学生向けの日本語教育にもかかわってきた．

田中　佳子（たなか　よしこ）

企業での新人教育，日本語ボランティア養成，外国語学校教師トレーナーなどに長年携わる．現在，日本工業大学学修支援センターに勤務．

編集協力　小野澤佳恵（国際交流基金日本語試験センター）

理工系大学生のための日本語再入門

2010年11月10日　第1版　第1刷　発行
2024年9月10日　第6刷　発行

検印廃止

編　著　者　馬場眞知子
　　　　　　田中　佳子
発　行　者　曽根　良介
発　行　所　㈱化学同人
〒600-8074　京都市下京区仏光寺通柳馬場西入ル
編　集　部　TEL 075-352-3711　FAX 075-352-0371
企画販売　TEL 075-352-3373　FAX 075-351-8301
振　替　01010-7-5702
e-mail　webmaster@kagakudojin.co.jp
URL　https://www.kagakudojin.co.jp
印刷･製本　㈱ウイル･コーポレーション

JCOPY〈出版者著作権管理機構委託出版物〉
本書の無断複写は著作権法上での例外を除き禁じられています．複写される場合は，そのつど事前に出版者著作権管理機構（電話 03-5244-5088, FAX 03-5244-5089, e-mail：info@jcopy.or.jp）の許諾を得てください．

Printed in Japan © M. Baba, Y. Tanaka　2010
ISBN978-4-7598-1177-3
無断転載・複製を禁ず．
乱丁・落丁本は送料小社負担にてお取りかえいたします．